AU PAYS DES DOUBLES
sans filiation ni chronologie

POÈMES ET RÉFLEXIONS

MARIE ALICE THÉARD

AU PAYS DES DOUBLES
sans filiation ni chronologie

POÈMES ET RÉFLEXIONS

MARIE ALICE THÉARD

« Au pays des doubles », sans filiation ni chronologie
Marie Alice Théard
Tous droits Réservés.

Les Éditions Théard et
Kiskeya Publishing Co - Books

ISBN-13: 978-1463750404
ISBN-10: 1463750404

Tableau de Couverture : Hernsza Barjon

À tous mes amis trop tôt partis
au nom de la liberté
et des grands espaces

« La possession et la considération
ne viennent pas d'elles-mêmes, c'est
Dieu qui nous les accorde »

Ptahhotep

PUBLICATIONS :

- Cri du Cœur (Poèmes)
- Au Pays du Soleil Bleu (Poèmes)
- Haïti la Voie de nos Silences (Recherches et compilation)
- 117 Femmes d'Haïti écrivent, illustrations par une quarantaine de femmes haïtiennes artistes
- Petites Histoires Insolites (Tome I, II)

À PARAITRE :

- ❖ La Peinture Haïtienne des années 1980-2000
- ❖ Haïti Zéro Tolérance
- ❖ Le Temps, Paroles à dire

ASSOCIATIONS :

- o Association Internationale des Écrivains (IWA)
- o Association Internationale des Critiques d'Art (AICA)
- o Association Haïtienne de Recherches en Esthétique et Art (AHREA)
- o Université Trinacria, Italie
- o Membre du conseil de musée d'art haïtien du collège St Pierre

PRIX :

- Prix de l'Éditeur de l'année 1999 décerné par l'Association Internationale des Écrivains et des Artistes (IWA).
- Woman of the Year 2001 (ABI)

Merci mon Dieu pour la vie
Pour nos engeances et pour l'amour rebelle
Merci mon Dieu pour une valse lente un tango
Un yanvalou une contredanse un kongo
Pour un tam-tam berçant nos nuits
Merci pour l'amitié rencontrée au bout du tunnel
Pour la main que l'on tend et l'espoir qui fleurit
Merci mon Dieu pour ceux qui sont partis
Dont la semence a nourri le sol d'Haïti

Sans oublier demain merci mon Dieu merci
Merci pour aujourd'hui

AU PAYS DES DOUBLES
sans filiation ni chronologie

Sur l'île des « *Marassas* »

Assumer nos délires dans la mouvance de l'air
des temps de lunaison
S'installer complaisamment dans le souffle des
essences agressives
Dévoilant le silence des saveurs compromises
Se promener avec mansuétude et tendresse au
bras de la poésie des infinitudes
Supplanter l'angoisse dans un frisson
d'exaltation
Revivre la volition des dieux et les incantations
des dires des mythes et des contes

Tresser des rimes fortuites aux écrits impulsifs
pour de nouveaux regards
Retrouver le goût de la flânerie sur l'ile des
métissages et des appartenances
Érotiser les formes incurvées et pourtant
béantes
Immédiatement saisissables de sons lourds
d'audace et de hasards favorables
Où les reflets s'embuent de volupté

Ponctuer l'espace sourd de sensualité
Du subtil équilibre de nos faux départs et du
parcours multiple de nos vérités réelles et
imaginaires

Ordonnancer l'acquis et l'instinctif
Dans l'intranquille confluence de nos
similitudes
Où se rencontrent les artistes de la même
mouvance
Dans la souplesse d'une émouvante mélancolie
Partager nos repères identitaires et nos
incomplétudes
Saisir en filigrane le madrigale de nos
conquêtes
De nos acceptations de nos réticences et de nos
défaites

II y a bonheur dans la richesse secrète des tons
aigres des épices
Accrochant les modulations de nos oiseaux
siffleurs
Dans l'île tout est pareil et tout est contraire
Celui-là qui semble un étranger
Et s'en va là-bas
Serait-il donc un frère ou mon cher
« Marassa[1] »

---

[1] Marassa: jumeaux

Dans le temps et en dehors du temps

Au gré du hasard je me surprends prisonnière
de ton jardin d'été
Attentive à la musique plaintive de tes moindres
gémissements
Suspendue dans l'atmosphère de tes désirs
imprécis
Qui semblent balayer l'ordonnance
Et la flamboyance de nos amours captives
Pourtant invulnérables

Ne crains pas le temps qui passe mon aimé
Nous vivons de nos différences
Moi pleurant tes larmes
Toi dansant mes joies jusqu'à plus soif
Dans l'ensorcellement et l'exubérance de nos
réincarnations
Dans la quête continue de nos fusions
Exhibant sur les sentiers de Dieu
Nos prières et nos incantations
Pour nous retrouver fascinés amants et
amoureux
Toujours dans le temps et en dehors du temps

Un moment avec toi

Ce geste amoureusement accompli
Comme une touche isolée sur le piano que l'on
effleure du doigt
La main qui caresse l'épaule par simple fantaisie
Se laisse aller à se reposer dans la joie
Pour revivre les moindres détails d'une fleur à la
boutonnière

Jeter son dévolu sur la poésie cristalline de
l'heure
Où l'empreinte du pied séduit le sablier du
cœur
Laisser planer le mystère et me pencher caline
À l'écoute d'un rien devenant quelque chose
Et danser ce délicieux moment de tous les
privilèges
Quand le clocher de la petite église au loin
s'affine
S'enivrant des effluves de la rose

Avec fièvre rencontrer le sourire attaché à tes
lèvres

Dans l'air tout est imprévoyance
Au sortir du jour rentrer dans les profondeurs
de l'éternité
Prendre goût à la déterminance
Du chant de l'oiseau de plein vent
Le temps de se rappeler nos êtres aimés
Au cours de nos revenances et de nos
cheminements

Les paillettes de soleil dans nos yeux ravis
Font une place à l'hallucinant attelage
De la nuit qui remonte comme un point sur un i
Le chemin des guirlandes de feuillage
Des bougainvilliers redessinant les balustres du
balcon
Autour des courbes surannées des effets
consolateurs
De la nostalgie de ton sourire coquin et de tes
façons

II passe nous voir ce souvenir visiteur
Éblouissant il s'assoit dans un bruit de cristal
Réécrivant le meilleur roman du siècle un gars
une fille
S'invitent à l'écoute du caquètement des
oiseaux
De la plage tropicale
Et toutes les chansons d'amour filent
Tout au long de la danse du volcan des idylles

Penché sur la margelle de mon épaule je
t'aperçois
Apprivoisant l'arc-en-ciel des revenir
Toujours toi
Encore moi
Dans nos accoutumances d'hier et du futur

Rêve

Mélancolie prévisible du dormeur
Que piègent les caprices de ses souvenirs
d'antan

Plongé dans les ilots abandonnés des terres
interdites
Le poète règle les césures des rimes gorgées de
volupté
Dans le bégaiement de l'aurore
La femme insoumise revit l'amplitude
Du voyage des doubles retrouvés
La fantaisie danse sur les cils du dormeur
Le présent a trouvé le passé

Outrance couleurs les yeux dessinent les vallons
des corps oubliés

Variance frissons les mains redécouvrent les
courbes de l'antre solitaire

Stridence passions la longue caresse repeint la
fulgurance de l'inconditionnelle jouissance

Aphorisme insolent accord libération le passé
valse autour du péristyle des énergies
cosmiques

Tout parle de transcendance d'harmonisation
de double et d'appartenance
Mais pleure le regard du rêveur revenu
d'ailleurs
Est-il de l'occident ou du pays d'ici
Sa larme a coulé sur l'âme du frère oublié
Pleure le regard du rêveur éveillé

Épousailles

Étrange figuration affleurant à la surface des
reflets de l'aube
Résonance des nos juxtapositions sensuelles
Constante diversité de la transe de nos souffles
Modulations de tes urgences
Ondulant à la rencontre de l'amplitude de mes
confluences

Pouvoir infini des courants polyphoniques de
nos corps complices
Embrasement des accords symbiotiques de nos
similitudes illusoires
Consommation de nos multiples plaisirs
Sur le parcours de nos envies et de nos
préférences

Au courant de nos corps-à-corps refaire nos
registres d'amants
Au gré de nos oublis et de nos errances
« Métisseurs » dociles de nos insuffisances
Dans les gémissements géniteurs de nos
souvenances
Perpétuation de nos délires
Investisseurs de nouvelles pistes de l'univers
Pour les offrir canailles
À la violence de nos épousailles

Cloches d'antan

Dans l'intermittente succession de nos passions
insaisissables
La tête ceinte de nos souvenirs chevauchant le
crépuscule d'avril
Intrépide la cloche s'enfouit
Dans l'insolite des chemins d'ombres
imprécises
Sa musique criarde sillonne l'infini
Happant des entrailles du temps les en-allés du
courtisan
À la recherche d'un inattendu à déchiffrer

Accomplissant des rituels mouvants
Sous la caresse des arbres frisés
Susciter l'éloquence du vent et s'allonger
immobile
Dans l'instant des amants déraisonnables

Se perdre dans la séduction du petit bananier
indifférent
Exhibant la plénitude de ses fruits foulant le sol
languissant
Pour faire rimer la fable

S'abandonne l'heure sur l'empreinte profonde
Des émotions échappées des volutes de nos
souvenirs écrits
La magique beauté de l'angoisse ondoyant
Sous les artifices des précipices
Irisant d'authentiques légendes
Les cloches tanguent

Il semble que l'amant frôlant la porte
Le chapeau sur les yeux
Le chien sur les talons
Colporte déjà les carillons futurs de nos cloches
d'antan
Sans filiation ni chronologie

Sans Filiation ni Chronologie

L'amour affirme et interroge les aspirations d'un
nouvel hyménée

Le secret cisaille les chuchotements chavirant
dans l'escarcelle des couvaisons de l'instinctif

Les destins étrangers vont-ils donc s'incurver
dans le parcours des cohérences démonstratives

Transcendant la subtilité des ombres de la nuit
exhaustive

Ils trouvent l'exutoire pathétique des aubes
indécises

Ah ! Jouir du fragile équilibre des variantes de
nos passions abusives
Assumer le relief des délires sur des pistes
éphémères
Fragmenter la douleur dans l'harmonie
contraire
Du désespoir de ceux qui dansent avec
l'absurde

Renoncer à l'essentiel pour courtiser la féerie
des légendes insulaires où la licorne et le lion
modulent l'émoi

L'incomparable pouvoir de l'amour campe des
harmoniques pour les carambolages du vent

Posé comme une promesse d'absolu
Le baiser de l'aimé trousse les abysses des dieux

Billet à mon Amour

Sur la barque d'Agoué dans la fête et la
bombance
Viens mon amour compagnon de connivence
Dans ta tiédeur et ta confiance
Je dépose mes angoisses et mes incomplétudes
Que mon baiser sur ta joue déposé
Décrive des prismes de feu et me fasse danser

Que mes conquêtes et mes questionnements
Et ma joie sur ton bonheur posée
Me parlent d'éternité et de renouvellement

Et toi mon amour porteur de félicité
Qui va sur l'océan valser avec les elfes
Et autres esprits des lieux
Qui réécrit pour moi les chants de liberté
Je me ressource dans la larme de tes yeux
Je me fortifie dans ta révolte et ta foi
Toi qui es l'autre face de moi

Autre bord du temps

Imperceptiblement glisser dans la cadence des
vagues
Faire ressurgir dans la pénombre protectrice du
crépuscule les saveurs d'un secret originel
Habiter la courbure du silence des océans
profonds
Revenir ruisselants du fredonnement des
sirènes

S'ensevelir sédentaires dans l'ondulation des
dunes de sable
Et se mirer dans l'ambre des mirages
Dans un regard absent couler les résonnances
des souvenirs
Tapis à l'autre bord du temps

S'appartenir et appartenir à l'autre dans
l'exaltance des amours retrouvées
Le double le jumeau ou le Marassa
D'une autre vie oubliée

Et dans l'accoutumance se réinventer des îles
Où tous les parapluies s'ouvrent pour deux
Et rêver enlacés à l'autre bord du temps
Où nos âmes toutes belles
Retrouvent les amis trop tôt partis
Au nom de la liberté et des grands espaces

Fille d'ici

Yeux d'ambre
Lèvres carmins
Satin de peau cannelle

Elle est fille d'ici

Hanches cambrées
Fesses dodues
Cheveux frisés
Visage pailleté

L'heure est de volupté

Sur la barque d'Agoué
Les anges chantent pour la fille aux pieds nus
Rebelle elle se dit

Le temps perdu

Il descend la rue des pas deçus
Affrontant les lucarnes de stupeur
pétrifiées
Cahotant sur son âme d'amour démeublée
Incomplément de l'autre
Et compagnon des déraisons
Il piste comme une méprise
L'envol de la fumée marqueuse des larmes
De la fille mal gardée
De la peur il est l'hôte
Il est indécision
Si elle est éprise
Lui ne sait plus où est sa vérité

.

Un homme... Un moment

Sans suite sans cohérence sa musique aux mots
tendres berce le jour calin
La chaleur tiède des modulations de sa voix
Aux creux de la montagne combinant les
hasards du temps
L'homme chante les filles aux mollets rebondis
Le fascinannt par leur hardiesse naïve
II jouit de la fête constante de recevoir limpide
Le rythme annonciateur du cortège
ininterrompu
Des démons de sa nuit
Ravissant séduisant il déambule

Supplantant toute pudeur
Sa mélodie accueille le ruissellement
Du foisonnement des plaisirs débridés
À la première veillée
Dans le bâillement de la tonnelle aux grenadias
L'attente patiente de sa passion se
dévergondera
Dans la ritournelle du fruit des confondences
Et il frissonnera à la cadence des confidences
Bavardes et inégales du vent dans le feuillage
Où pâlissent les rayons de lune
Venant expirer dans l'enivrement des cloches
de datura

Un homme un moment
Dans les fulgurations d'une nuit de
septembre
Danse au bout du jour
La luxuriance des traditions d'un tambour
Sous les arceaux de sapin
Le rituel fils de ses désirs
Dentelle la flamme tempetueuse du bois
mort
S'accouplant au vert des branches
nouvelles
Et l'homme se laisse guider

Qu'est-ce qui sait que....
Un homme
Un moment
Toi moi... là...

L'entre jour

Imprécis au faîte de la montagne
Le lever du jour fait de l'œil à la terre
Bienfaisante complice où s'accroupissent nos
rêves
Le silence s'alanguit dans l'entre-jour de nos
persiennes
Et le carillon de l'horloge fait tanguer de
langueur Le balancier du temps
Thomassin est serein
Sur ses murs mitoyens
La rosée a perlé
La coiffure des bougainvilliers
Et les tons imprécis de l'argent
De l'or et du carmin
Façonnent une palette à l'horizon du dehors
Où le jour hésitant
Donne sa main incertaine au soir déclinant

Rara

Danse de l'impossible oubli
Tes acteurs de poésie pérenne
Serpentent l'éternité du détail
Comme des suspensifs
Attentifs aux anathèmes
De la nuit de carême

Taquinant l'inquiétude de l'au-delà de la mort
Le souffle de l'air s'enroule
Tout au bord de la douleur indolore
De la jouissance expressive
Des épousailles d'une foule lascive
Indifférente aux frontières de la pudeur

Tes vaccines réécrivent la scénographie
spectaculaire
Du rythme exubérant de l'effusion émotive
Des hanches inconnues et pourtant voisines

Dans la déroutante complexité d'un itinéraire
nègre
Se métissent croyances et traditions
Pour l'unicité de l'absurde et de l'absolu

Les lamentations de l'écho chantant des temps
qui reviennent
Dialoguent le silence de la langueur des
danseurs
Enlaçant les premières clartés du jour
Une cavalcade au désordre maitrisé
Ondule l'insolence de la montagne bleutée
Pour que le désir s'étire aux creux de la vallée

Une formule uniforme héritée de nos pères
Imprime la rétine de l'homme
Au bas de la colline il attend solitaire
Il attend comme à chaque carême
L'autre soi-même

Au pays des doubles

Partant à la recherche du gardien des promesses
intenues et des indiscrétions mal venues
Entre l'aube et l'aurore la mélancolie diffuse des
pistes nouvelles dans les allées du ciel
Serpentant les montagnes cherchant un point
d'ancrage
Le jour s'effiloche comme un souffle d'ailleurs
dans la tiédeur du matin naissant
Somnolant dans un relent d'oubli
Les angoisses des âmes chimériques errent dans
l'imaginaire le plus profond
Où l'abstrait et la fiction racontent les
carambolages du hasard
Des accords symbiotiques suscitant le rêve où
les utopies inaccessibles deviennent réalités

Le nomade jouit de la complaisance des
harmoniques de la pensée
La fulguration du jour s'accouplant aux
minuscules parcelles de rosée des paysages
habités
Et le conteur visionnaire mire à travers la
persienne aux paupières mi-closes l'ombre
fluide de son double mouvant
Son œil s'évade évasant les vains espaces où les
pas de son frère inconnu flottent le long du
flanc des vérités éternelles
Ludique il se réjouit des improvisations ciselant
la vastitude du rivage de la mémoire révélée

Voyageur effréné la silhouette de l'homme
sillonne les variantes légendaires des secrets
oubliés et des dires interrompus
Il plonge impoliment dans la cadence de
l'ambiance d'une vie parallèle
Et prend son envol impétueusement là où la
lumière accentue le raffinement du rideau de
dentelle
Ses flancs frémissants devancent l'exquise
connivence parsemant l'exubérance de son
intrépide randonnée
Sur l'île il rencontre l'âme sœur ou son autre
moitié

Depuis les mythes l'histoire raconte que dans le
rituel du lieu
Clef précieuse du mariage de l'imaginaire et du
symbole
Chacun retrouve son double
Pareillement curieux de voir s'animer le sien
dans le rationnel ou dans l'absurde

Et le dormeur se perd dans la fine mousseline
des nuages s'étirant jusqu'en fin d'horizon
Son rire moutonnant par endroits l'azur de
pyramides de lumière

*« L'amour et la justice sont
des questions morales »*

Paroles du Père

Flétrissure

... Il est plaie qui saigne quelque part
Quand on la touche ou qu'on l'effleure
Fleur de dignité froissée
Camarade compagnon flétri
Ayant perdu l'honneur et la mémoire
Je pleure sur ta dépouille
Comme crie en moi-même la honte de te voir

... La cité des doubles sommeille exténuée
Insupportablement mystique
Flagellée hantée par tant de sang versé
Imprévisible rétive énigmatique
Gardienne de ses mythes séculaires
L'île s'amasse sur sa douleur
Provocatrice et fière
Elle s'accroche fidèle au seuil de l'Atlantide

La mi-temps

Le soleil n'a point changé de bord
Mais sa caresse tiède blesse la félicité promise
Sa brillance encoche de sillons profonds la
fenêtre d'Aurore

Qui donc a volé la clef du bonheur
Celle teintant de rires
La turbulence des jeux de l'adolescence

AU PAYS DES DOUBLES — *sans filiation ni chronologie*

Fantaisie

Nous pratiquons l'art du silence
Dans un monde de fantaisie
Le rituel le sacré la magie
Sont symboles de folklore et d'indécence
Et l'on vend au comptant nos restes d'illusions

Le voisin voudrait bien modifier la texture
rituélique de nos appartenances
Mettre des couleurs pastellisées à nos gestuels
impromptus
Habiller de banalité nos rythmes et nos
croyances
La poésie la sensualité les variantes
mélancoliques de nos rites
Iraient se glisser dans l'occidentale abondance
Dans la césure créée dans nos traditions
Viendrait se lover l'avidité en toute cohérence
Flottant dans la bêtise des insupportables
besoins de l'être « civilisé »
L'abstraction du Moi ses héritages et ses
errances

Ressembler à l'autre fait-il oublier tout ce qui
nous différencie
Les jaillissements inattendus des stridences de
notre liturgie
La capture de l'essentiel pour ne partager que
l'anodin
L'espièglerie masquant les hésitations et le
chagrin
Peuple surréaliste pourrons-nous marcher dans
les pas d'un être robotisé
Et faire de la télé l'ami du quotidien
L'âme constamment inventive riche de
métaphores
Peut-elle s'embrigader dans la modernité
Porter dans le regard non plus les rêves de nos
réalités
Mais la réalité à nos yeux affichée
Ne plus de l'autre chercher l'amitié
Mais reconnaître d'un reniflement la marque du
parfumeur

À notre heure dernière
Aller tout droit au crématoire
Sans penser à semer en chemin les démons de
nos contes et leurs grimoires
L'appartenance ne serait plus qu'affaire d'art
École des primitifs classiques ou pop art
Réaliste on serait de son époque

Voisin quelle fantaisie
Se trouve là à nos portes
Cette île des Caraïbes renoncerait à ses « loas »
Et son pas cadencé ne vibrerait plus qu'à
l'énoncé de tes lois
Quelle utopie n'est-ce pas

Le temps présent

L'ami ouvrant la main en écartant les doigts
A laissé dériver l'amour
L'angélus fuyant les dires porteurs de symboles
Accouche d'un trépas
Déjà prend place l'effaceur de rêve
Résonne le glas sous la voute des cathédrales
Témoins de douleurs plurielles
Elles n'entendent pas la comptine ourlant le pas
d'une vierge passant

II fait sur l'île un temps de revers dit-on

Le chien errant vient croupir sa misère sur le
parvis de l'église
II se souvient de l'avancée audacieuse de
« l'esprit » chevauchant la douce Élise
Et la folle Gracieuse
L'aurore ne répond plus à l'appel du levant
II se répète à travers la ville
Que l'écho des chants s'accroche aux crêpes de
deuil
Les voix s'enflant de courant d'air
Soufflent sur les sapins solitaires des forêts
Où les enfants perdus ne se retrouvent guère
Au détour du chemin de l'école buissonnière

Sur l'île nos bouquets sont de violettes

L'ange s'est envolé
Délaissant la fille d'Ève prisonnière de
l'angoisse
Porteuse du péché son image grimace
Ses yeux sont las
L'ami a égaré le bonheur à lui confié
II s'est évanoui dans le tournis des illusions
perdues
Ici et là

Le hasard

Il aurait fallu des rimes au poète
Et Madeleine aurait chanté son poème
S'il l'avait rencontrée

Mais le poète n'est pas venu
Et la fille solitaire
Sur la mer est partie
Visiter d'autres contrées

Fiévreux dans sa démence
Le poète cherche des mots multicolores
Pour faire un bouquet sonnet d'anniversaire
Mais reviennent les aurores
Et aucune Madeleine ne ramènent
Sur le pont de l'attente
Le poète est seul
II voit passer le convoi des chrysanthèmes
Remontant la colline comme pantin au soleil

Sur cette île chaque jour est fait de deuil et de
faim
Pour passer le temps et se faire la main
On tue au hasard un bourgeois un manant
Rire fait si mal à ces gens qui se retiennent les
côtes
Assoiffés d'ailleurs
lls se trouvent exilés sur leurs propres terres

Ressouvenir

II était une fois hier il y a cent ans
L'insomnie affranchissant les souvenirs
fantaisistes
Traversait les volets de l'imaginaire
Port-au-Prince recevait en pleine joie
Le magnifique convoi
Des visiteurs venus d'ailleurs

Étrange moment sous l'ombrelle des manguiers
On en oublierait presque de rêver
Jeunes et vieux se laissant glisser dans les liserés
d'air d'été
Consumés de passions inavouées
En s'engouffrant haletants
Dans le sillage insistant des amants

Il était une fois hier il y a cent ans
Lorsque s'emmêlaient le sable et le vent
Le déclin du jour portait beau
Frisant les dentelles du bord de mer
Comme une récompense furtivement offerte
Et l'étranger s'installa agressif et sournois
S'inscrivant en demi-relief dans l'exaltation du
peuple

Et toi tu déambulais sans scrupule
Carambolant en direction du levant
L'audace en visière
Tes gestes rythmant l'ivresse
De ce peuple hospitalier

Sur l'ile des « Marassas » on croit encore
Que les Esprits doivent endosser toutes
responsabilités
Qu'en sonnant le « lambi » notre cor
Nos ancêtres en Guinée
Tous nos ennuis viennent solutionner

Mes amis hors du temps

Ils étaient jeunes et beaux ils sont partis trop tôt
Ils n'auront pas vieilli
Ils ont quitté ces lieux où la haine a fleuri
Ils n'ont pas attendu la fin de nos guerres
fratricides
Ils sont tombés sans avoir mûri
Laissant leurs racines enfouies dans la terre
acide
Pour que s'épanouisse notre chère Haïti
Et que les cerfs-volant de carême
Mettent des couleurs à nos habits de deuil

Escale dans l'île des doubles

S'élargit aujourd'hui le plaisir ambigu de celui
qui jouit du temps embué des limites du rêve
ruisselant le long du gué des refus de la réalité

Là où se déploie la force impalpable du silence
des verrières ensoleillées

Quand cabriolent les caprices de la lumière
écartelée dans le foisonnement d'une barbe
ébouriffée

Et que frissonnant le roulis des bras de mer
vient épingler la lueur du réverbère fatigué

Aujourd'hui le bonheur caracole à l'approche de
ta silhouette imprécise aux contours esquissés

Jouissant des retrouvailles des âmes
« marassas » encorebeillées dans l'étrange

et impudique déhanchement des amants
assoiffés

Se ressourçant dans les déplis de l'aimé
Ils se délectent de l'intensité du plaisir réinventé

Là où les éclats de rire se confondent aux
reniflements muets des insulaires assis à
l'ombre du souffle hachuré des vents du mois
de mai

L'île n'est pas de bonheur mais de grimace et
d'avortement de la moralité

Jeunes et beaux ils sont partis trop tôt
Mireille Jean-Jean et Guy Malary
Michèle Raynald Roland Décatrel
Michel Jean-Claude Aurel Fréderic
Bernard Carol Margarette Micheline et Steve
Mayard Marie Yolaine et Fritz
Père Ti Jean les deux frères Izmery
Villard Ti René Lamy Daphné Johnny ..,
Le couple Plaisimond que son frère a suivi
Ainsi que les Gaillard une nuit
En haut de Montagne Noire
Des artistes des avocats des médecins
Des prêtres des éducateurs des politiciens
Des étudiants des poètes des écrivains
Des habitués du théâtre de l'horreur
Et la liste s'allonge de ceux qui n'ont pas choisi

Ils ont été floués par le mirage
D'un temps dit de partage
Ils sont comme Pierrot Kansky allés faire un
voyage
Dans un univers loin d'ici
Un peu tôt parce qu'on les a forcés
Où que le tourbillon de nos tensions
Les avait fatigués

Jeunes et beaux ils sont là nos héros
Nos amis et tous les inconnus
Dont le sang chaque nuit nourrit notre patrie

Les pleurs en plein midi

Pour Nicole Pierre Louis

Pleure pleure les marins sont partis
La marée est basse
Il ne reste plus rien ici
Mais toi tu veux encore parler discuter
Tu cries vers ceux qui n'ont plus d'oreille
Tu veux revendiquer
Mais quoi
Que t-a-t on donc promis
Sous quelle bannière as-tu combattu
Toi qui portes une croix
Depuis que le fils n'est plus
Serais-tu du ciel une élue
Toi qui frises l'hystérie
D'avoir trop attendu
D'avoir tout perdu

Pleure dans le brouillard du plein midi
Si ton secret privé devient chose publique
Ne crains pas l'ironie
Ce n'est pas chose inique
De se trouver bafoué
Par gens sans dignité
Quand le malheur visite
Dieu seul veut nous assister
Il est là sous chacun de tes pas
Redresse-toi
Sois belle et gagne le combat

Un instant une nuit

Tes phares sur la route ont déchiré la nuit
Et la blessure de ton âme
À la croisée des rues s'est étalée
Hurlant ta douleur ta jeunesse assassinée
Ne crains rien l'ami dans ce coin de rue
Ne passent que les cousins
Éteins tes projecteurs
S'il fait un temps de crève cœur
Une écharpe est parée
Pour ton être brisé
Il nous reste la nuit
C'est une éternité pour aimer par ici

Sur les murs de la ville
La lumière de tes feux a mis à nu
Nos misères et nos combats déçus qui s'y
déshabillent
Demain quand tu seras endormi
Assassiné ou perdu
La foule viendra sur les airs de ta guitare
orpheline
Selon le camp choisi
Faire de toi un héros ou un lâche de plus

Mais ne crains rien l'ami dans ce coin de rue
La charogne ne fait pas le tri
Et ne connait pas le « remords posthume »
À gauche à droite on se retrouve au centre de la
mêlée
Le souffle court la mort en bandoulière
Et toutes les heures demeurent pour nous
inopportunes
Pour se croire immunisé contre la horde
assassine

Réponse de l'ami :

Dans l'île aux Esprits
Il faut à la veillée conter les sortilèges
Mais qui donc survivra pour dire notre histoire
Et indiquer les pièges
Que cachent nos cantilènes
Il vaudra mieux écrire notre désolation
Avec des pages en blanc
Un jour les comblera l'un de nos enfants
Puisqu'Haïti survivra à tout cela

Viens dans mes bras éteins tes phares l'ami

Port aux larmes

lundi 15 juin 1999

Jeune j'ai toujours voulu demeurer

En la vie croyant comme en un fruit à croquer

pour   exorciser l'angoisse et la peur

Amis, fidèle je suis resté, avec bonté et compassion
          je vous ai tous aimés

Nulle imposition ou exclusion n'ont croisé les
          sentiers qui nous ont été donnés

Complaisant dans ma fougueuse liberté je vais,
          escorté de mes affections et de leurs douleurs

Le pèlerin en moi cherchant la dissertation qui me
          serait libération

Au-delà du jugement critique, de la sagesse, de la
          raison et du temporel je cherche mon miel

Un jour suit l'autre, tissant des liens insoupçonnés
          des autres dans un désir interdit de libéralité

Des couleurs exaltées de mon monde imaginaire

me   procurent joie précaire et lendemains amers

Et un silence abstrait s'installe dans mon rire que

l'on   croit humide et mobile

Âme sensible, je pleure et l'on dirait que je suis gai
et   volubile
Pèlerin d'un paysage couvert
Poète vêtu de deuil, je veux bifurquer sur cette
voie   aux sites démesurés et verts
Oiseau libre et de haut vol, nimbé de lumière,
j'entre   dans le cycle des existences
La magnificence de DIEU saura dans Sa Majesté
         investir mon espace et me désaltérer
La pathétique souffrance de mes très chers peut se
         soulager :
Oui, mon amour pour vous est illimité
Nul ne sait jamais compter ses instants de
bonheur,   MICHELINE, enfants, petits-enfants,
amis,   voilà ma seule vérité

Un aurevoir

Prés du Père il est allé
Homme simple, bruyant, tel
Il a toujours été
Le frère tant aimé, fidèle,
Il a tout donné
Père de famille anxieux
Possédé par le sens du devoir
Et l'oubli de soi

Dure, dure, est cette matinée,
Où il part seul, sans aviser
Un gage à nous confier, son avoir précieux,
Rares valeurs de notre cité :
Amour, enfants, amitié

La permanente douleur

L'œuvre du poète porte la marque de
l'atmosphère des harmonies perdues
Modulant l'éclairage de la rue sans réverbère
Une silhouette s'infléchit à la rencontre d'épais
contours noirs
Augmentant la sensation d'angoisse des
émotions précipitées
Des lignes sinueuses longues et noueuses vont
et viennent
Tourmenter le promeneur dans les raccourcis
de la ville vide et rétive
Pour atténuer le silence aux échos macabres
insolemment tracés
Des chants croisent les rimes d'un quatrain
Ils décrivent l'exotisme de la misère et de ses
plaies
Parlent de la peur sans salvation
De cette île de lamentation
De notre acceptation de malheurs qui se rident
et se flétrissent

Se tassant pour faire une place à d'autres frôlant
les limites de la folie
Ils s'égrènent au courant de l'air qui boucle sans
fin
En plein carrefour de la mort

Dans un dépouillement d'une violence canaille
On conte la complexité de cette douleur
lancinante
Se promenant dans la ville laissant des
boursouflements
À nos entrailles
Faisant de nous des ombres signifiées à posture
pathétique
Dansant un continuo de frémissements
Heurtant toute sensibilité par la perpétuation
des épreuves jonglant dans nos scènes
domestiques
Ici tout le monde prie tout le monde braille

Si seulement nous pouvions dans un geste de
savante audace
Simplifier ces formes aux têtes échevelées
Qui habitent et bousculent nos âmes
chimériques
Hachurent le bouillonnement de nos chagrins
Et ne peuvent malgré tout ramener nos amis tôt
partis

Si seulement nous pouvions réveiller les temps
d'il y a longtemps
Où nous possédions le pouvoir étrange
d'harmoniser les contraires
Pour mettre une expression éloquente dans
l'angle de vue
De nos regards noyés d'insolite et de stupeur

Nos maux perdraient toute réalité

Mais l'œil obsédé habitant nos cauchemars a
réouvert la boite de Pandore
Dans la splendeur éteinte de l'habitude
Et l'érotisme tragique du surréalisme
L'exceptionnel coup du sort a déposé une cerise
à nos lèvres soumises
Attentifs à la mouvance des jours et des nuits
Nos priorités se changent en urgence
déroutantes et incompréhensibles
Nos chagrins s'habillent de superflus de
fantaisies
Ils veulent annihiler la morsure de l'horreur
Tout le monde danse tout le monde pleure

Sur les pas de Judas

Par petit matin blême l'écrivaine se réveille
Elle s'accoude au bord de sa mémoire
Et revoit cette « horde » sur les pas de Judas
Sa face hypocrite de fausse intellectuelle
Parlant haut d'un pays dont elle est souvent
absente
Voyageant vers des lunes plus clémentes
Appelée pour la prose et la plume en des lieux
d'adoption
Mordant à belles canines la main à elle tendue
Elle revient embrasser après avoir trahi
Défendant une vertu
Bien longtemps mise au clou
Pour quelque faux-semblant ou des sous
Criant au blasphème
À l'injure à l'anathème
De sa parjure haleine
Elle qui n'a de patrie
Que le poids du portefeuille
L'intérêt du bas-ventre
Ou les couloirs d'un ministère du vent

Elle vit de camouflages de coup bas
De combats avortés
Par irresponsabilité
Porteuse de message de haine
D'égoïsme et d'insociabilité
Elle annonce la géhenne

Voudrait bien aujourd'hui cette « horde »
malsaine
Redorer son blason quand celui-ci
Depuis bien des saisons est resté oublié
Échangé marchandé enfoui
Dans quelque lâche machination

Les temps ont bien changé
Cette racaille veut faire la morale
Parler d'honnêteté
D'éthique crier au scandale
Exhibant une mine négligée
La resquille en boutonnière
L'œil aviné le cheveu emmêlé
La bave au bout des mots
L'écritoire à tout-venant offert
Pour quelque poste dérisoire
Elle souffre de mille maux
Dont le plus apparent est l'immoralité
Escortant les relents de nicotine
De caféine et d'instabilité
Cette « horde » malsaine porteuse du virus de
déconsolidation
Veut s'attaquer à ceux qui sont pour l'unité dans
la pluralité
Qui se battent pour leurs convictions
Pour le bien de la Nation
Et font le sacrifice de leurs printemps
De leur temps et de même de leurs vies

Dans la ville endeuillée
Cette « horde » brise la résistance
De ceux voulant garder l'identité
Le bon grain est étouffé
Les loups piègent les abeilles
Dévorant les plus faibles en toute impunité
Le cantique d'amour pour la libre Haïti
Et pour l'indépendance
Se retrouve asphyxiée par cette « horde »
bavante
Pour qui la collective participation
Veut dire dénigrement et source d'emmerdance
De mépris et d'embrigadement
Non de libre échange et d'association

Et Haïti attend
Attend encore l'union et la force de ses enfants

Décembre 1998

Boris ou l'enfer au soleil

Sur cette île du plus profond de la mémoire
Depuis les origines Dieu protège les enfants
Riant dans le noir avec les revenants
Rien n'est réalité tout est dans le miroir
Le jour on se fait peur on s'enfuit en riant
Mais l'utopie cette fois devient notre vérité
Qui a ri
Qui est châtié
Le théâtre est fermé

Fils tant attendu le petit

Boris arrive dans la vie

Les yeux attentifs remplis d'un appel à l'amour
et à la tendresse

Son aura brille les fées prédisent (son avenir est
une promesse)

Protégé des grands vents et des injures graves
du temps

Dans la maison sur la colline il grandit

Bercé aux heures du soir de cantilènes et
d'histoires

Sur les murs de sa chambre la mère met un
tableau plaisant

Pour combler l'horizon de l'enfant

Avec lui les anges chantent

Il est innocent tout le monde est content

Pourtant jetant les dés de la substance obscure
Le hasard et le mauvais sort ont engendré
Le vol des faucons et des paons de diabolique
divination
En convives farouches et indomptables de la
géhenne insondable
Les ordures remplissent de leur saumure la
coupe débordante de la haine
La colique se propage hors des rangs
Brutalement elle installe de la peur la
permanente expérimentation
Dans la fournaise des mondes interdits
S'exhale l'odeur des lois sans amendements
Et la douleur atteint les entrailles de toutes les
mères
Elle s'y est enchaînée ne prenant jamais congé
Boris est introuvable

Nos pleurs aux cris chaotiques dessèchent l'air
Asphyxiant nos gorges de breuvages amers
D'inquiétantes rumeurs s'agrippent à nos tripes
Boris pourrait être
II devient notre fils

Midi se confond au crépuscule
L'heure s'est arrêtée une chape de plomb a ses
pieds
Les griffes fixées sur l'horloge de la ville folle
Ses aiguilles amorcent un mouvement de recul
En plein soleil circule le frisson de la fièvre
Son goût de cendre est sur toutes les lèvres
La pluie tombe en ces lieux arides balafrant les
yeux
Une odeur nauséabonde envahit nos rues
sordides
Pétion-Ville et le bas de la ville

À bout de reniflement nous hurlons
L'insoutenable sanglot de la nuit glacée
Aujourd'hui un père une mère toutes les mères
referment les bras sur le néant
La pestilence chemine imprimant sur leurs
fronts
Les graves sillons de l'inconsolation
Monarques involontaires d'un drame stupéfiant
Nous ouvrons les archives de l'horreur achevée
Dans toute la démesure de ses pages
fragmentées
Affrontant les démons bruyants et effrontés
La déraison résonne dans les grands espaces de
nos insomnies dilatées
L'épreuve est innommable intransférable
Elle se colle à l'indéfinissable cruauté
Un enfant est kidnappé

Les clés occultes cheminent par les rues sans
lune
Tel par avidité l'espoir des parents manipule
(Une récompense est promise)
Tel par sadisme l'attente d'une famille aiguise
« Je l'ai je l'ai trouvé Boris
II repose dans la chambre voisine »
L'ami est là une photo exige
Alors s'enfuit le grimacier le témoignage
mensonger
Boris ce petit être désiré est encore prisonnier
de la morsure de nos lâchetés
Et de Port-au-Prince la femme mal aimée
Sur cette île des pantins disloqués dérivent

Les variations de l'océan prolongent la longue
avancée de la côte tourmentée
Révulsant nos plages la merde et les bouteilles
en plastique coiffent le poisson impudent
Et la flétrissure imméritée de leurs effluves
malins grime les chemins de nos crucifixions
Boris petit enfant de Dieu sera-t-il retrouvé
Dans l'enfer au soleil les anges ont cessé de
chanter

Pardon Messieurs ! Soyons sérieux
Dans les pays civilisés aujourd'hui c'est le
dernier dimanche de mai
Bonne fête Maman tous nos vœux

La ville abandonnée

Dans la douleur d'un jour d'été
Silhouettant la berge tel épi de rosée
La marée turbulente marque les allées et venues
des rencontres fugitives
Seule sur les quais de la ville abandonnée
Veille la femme aux yeux avides
Elle écoute les lamentations du vent du nord
Questionnant le chant de l'urne gardienne de la
parole captive
Elle sait que dans l'œil du vagabond
Somnolent les rêves des marins de passages
(Ils ne font que côtoyer le port)
(Leur espoir est ailleurs)

Et la femme aux yeux avides
Plonge dans le ravissement des poissons bleus
Sur la rive elle s'anime
Ciselant l'océan d'argent
Sa folie s'évade vers des lieux de clémence
Inlassablement elle attend
Elle attend l'heure sienne
Celle qui ramène les amis partis pour des ports imprécis
Au rythme du banda[2] elle danse virevolte tourbillonne
L'invraisemblable retour des jeux de l'enfance
Elle entrelace sa réalité aux contorsions de sa démence
Et tout redevient comme avant sur la plage
(Avant)
(Avant... Avant quoi)
Avant que le malheur ne vienne avec son équipage

---

[2] Banda: danse de l'île d'Haïti pour démystifier la mort

Dans l'œil du vagabond
La berge le rêve la danse la mer
L'attente et les poissons bleus
S'éparpillent en giboulées de cauchemars
permanents
Et le long du rivage délaissé
S'allonge la douleur d'un jour d'été
Sur les quais de la ville abandonnée
La femme s'est écroulée
Épuisée
Dans son regard flétri
S'émaillent les reliefs des illusions d'antan

Un ange a vécu chez toi

Douce Elsie,

Tu connais la grâce terrible d'avoir eu un ange chez toi. En voulant partager ta vérité, je ne peux que m'asseoir dans le voisinage de ta tragédie même si j'ai l'air de rentrer de plein pied dans ta douleur.

Tu assumes ton affliction authentique aujourd'hui, toi dont l'horreur outrage les tripes en supplantant tout autre sentiment que la révolte.

Tu hurles, craches, parjures, demandes des comptes. Tu dis Dieu séparé de toi. Tu te lances un défi en allant vers les autres afin de partager avec eux ton expérience. Tu veux leur offrir une chance de compassion et de déculpabilisation. Mais, tu sembles oublier que toi Elsie, mère de Giscard, tu mérites toujours la bonté de Dieu.

Tu fais du mieux que tu peux pour conserver un équilibre délicat. Tu fais l'expérience de la conscience et de ta propre réalité. Ta révolte est un appel à l'aide à partir des informations que tu as reçu dans ton enseignement spirituel. Rassure-toi, Dieu fait l'expérience avec toi. Il te donne le pouvoir de t'aider. Voilà ce qui te permet d'inviter les autres dans ton espace avec bienveillance, en faisant pour eux une évaluation de ton présent. Ton plein et honnête désir est de vivre avec nous le fait que nous ne décidons pas de ce qui arrive. Nous ne pouvons changer le destin ni empêcher l'accomplissement de la fatalité.

Ton choix est noble, Dieu t'assiste. Il ne t'en veut pas de le renier par des paroles. Il ne te juge pas. Il attend que tu lui reviennes car tu lui es intrinsèquement reliée. Tu es en train de t'accomplir dignement et d'accomplir ta mission. Aujourd'hui tu es le cadeau qu'il nous offre pour apaiser nos âmes. Tu es « l'inspiration» et ton livre est un instant de rémission et de paix.

N'accepte pas l'inacceptable : la bonté et la justice sont des normes morales. Demande à Dieu de t'aider à comprendre et à admettre qu'un ange a traversé ta vie. L'occasion t'a été offerte d'amener Giscard à cette terre. Il a fait librement le choix d'un cheminement et d'une mission. Il a laissé le conceptuel pour vivre au sein de ta famille un moment expérimentiel et continuer son évolution individuelle.

En arrivant ici, Giscard a amené ses options et avec elles, l'option de l'expérience d'être et du cortège de gens, d'évènements, de circonstances nécessaires à son évolution. Il t'a choisie pour être sa mère et tu l'as accepté en tant qu'âme incarnée, lui offrant une affection et une éducation. N'oublies pas Douce Elsie, que ton fils est venu « corps, âme et esprit ». Tu lui dois de le laisser partir vers la lumière. Le moment pour lui est venu de retourner au Père.

Dieu est ta consolation dans cette époque éprouvante ; ta force pour que tu accèdes au calme intérieur, à l'acceptation et à la consolation. Ton Père Céleste ne te pénalise pas : la date du retour de Giscard était inscrite dans le contrat… Il est reparti te laissant face à ta peur. Présente ton fils à Dieu. L'âme de Jésus t'ouvre la voie vers le Père. Fais appel. Hurle, crache ton déchirement intérieur, demande compassion, toi l'affligée, pour que tu t'ouvres aux grâces qui sont disponibles pour toi. Pardonne-toi de ne pas comprendre. Tu n'es coupable de rien. Pardonne-toi ton parjure. Dans le malheur, connais-toi telle que tu es. Tu es sur la bonne voie en nous présentant ton livre. En t'occupant des autres, tu trouves un sens à l'absence.

Tu vas connaître un calme curieux. Tu vas redécouvrir ton âme et la paix intérieure. Si tu erres dans le malheur, sache que tu es accompagnée et soutenue par celui-là même qui va te révéler la certitude de l'au-delà. Tu ne peux arrêter l'instant, ni faire reculer la pendule. Lorsque tu renies ta croyance religieuse, tu continues d'évoluer.

Continues ton sacerdoce, c'est le meilleur remède à ta rage. Pareille à notre sœur Esther, continue de faire front avec dignité. Recrée Giscard chaque fois que tu fais un geste d'amitié.

Douce Elsie, il n'existe pas deux souffrances pareilles, même dans une expérience identique. Cependant, mets-toi à l'écoute des autres, tu approfondiras ta connaissance intérieure. Celui qui donna son Fils t'offre déjà la conscience créative et le pouvoir de l'esprit.

Je respecte ta réalité et ton rôle dans notre univers. N'aie pas peur de cheminer sur la route où t'attend le Créateur, il t'apporte la sérénité. Rappelle-toi, après la révolte, il reste l'amour et la certitude. Prends soin de ton âme qui pleure ta tragédie.

En t'écrivant aujourd'hui, j'ai une pensée d'amitié pour Lenny, Michèle, Nora, Frances, Elizabeth, Caelle, Marie Thérèse, May, Suzie.

Je te prends sur mon cœur de mère, laisse y couler ton chagrin.
Je t'embrasse Douce Elsie,

Au nom du Père, du Fils et du Saint-Esprit.

Port-au-Prince le 14 Janvier 2000

Enfance, mon amour, n'était-ce que cela ?

St. John Perse

Souvenir d'enfance

Je viens te raconter le temps verdoyant
De la résurgence du bonheur domestiquant
Le geste amoureusement accompli
De se pencher sur la margelle de la paupière de
l'autre à cinquante ans
Et recevoir limpide la saveur de relire au ralenti
Le film de la petite fille
Amoureuse du noir Monsieur

Sous le manguier solitaire
Se languit le souvenir de la robe blanche étalée
A la fenêtre la femme trop forte est accoudée
Respirant son mari volubile et insouciant
Pétion-Ville et ses pluies d'après-midi
Frissonne de millions d'aiguilles harcelant les
Fleurs des Flamboyants

La place St Pierre accroche à sa mémoire
gourmande
Le bruit des jeux d'enfants jusqu'à ne plus
s'entendre
Les annolis vocalisent
Il fera beau ce soir
Mégots de cigarettes fumant
Ragots des adultes écoutant
Le rémouleur passant en fredonnant
Les enfants du quartier l'accompagnant
Tartines dégoulinantes le nez au vent
Déambulant par petits bouquets de jambes
gainées de blanc
Les cheveux pleins de rubans
On se ressemble tous
Le parfum de tante Marie « Calèche » cachée
Au fond de l'armoire d'acajou
Fait monter à la tête des aromes d'été
Une rhapsodie déborde du piano chantant de la
porte d'à côté
La petite fille est amoureuse du noir Monsieur

Bisou Bisou les années passent
Les robes de taffetas
Et les chemises de soie
Vont meringuer à Cabane Choucoune
Tout le beau monde est là
Virevoltant à tour de bras

Maisons de pierres tuiles en toiture
La Tête-de-l'Eau se coiffe de ses chapeaux
chinois
On en fera des bouquets

Bisou, Bisou, la petite fille s'évanouit
Dans les allées de joies incertaines
Et de souvenirs sans contour

... Un soir de vernissage
La femme mure revoit le noir Monsieur
Il est bien sage escortant ses soixante-dix ans

Bisou, Bisou heureuse de te rencontrer
« Monsieur »

Note pour A ...

Je te regarde passer
Impertinent comme un geste de l'art
Tu n'as de réalité que dans la légende
De ton bonheur bavard

Lascif tu parcours les sillons obsessionnels du
temps
Te glissant dans le cafouillis ordonné
De la douceur médiumnique d'un regard

Nichant ton rêve dans les échos séduisants
De la mémoire de l'ombre s'allongeant
Hâtant l'extase douloureuse de ceux qui se
souviennent
Du cumul des choix irrationnels

La femme de l'autre

Il m'a été donné de vivre tes amours interdites
Et le luxe paradoxal de ton œil bridé brillant de
désirs inassouvis
Baillant des conquêtes acquises
En moi un silence abstrait s'installe
Inscrivant ses griffures dans les rocailles de mon
chagrin de mère
Étrange observance de cette indécente relation
Évoluant avec complaisance vers la dérive de
ton innocence

Chevauchant ma mémoire oubliée
Des affres de souvenirs douloureux et confus
Agraffent de leurs affluences la rive de mes
revenances
Et je deviens héroïne obscure
Du chemin indéfinissable de tes caprices
Et de ton exaltation

Cascadant sur mon âme
Les larmes vêtues des arêtes de la peur
Je voudrais allonger ton enfance
Tes trilles tes contes tes chants d'été
Te bercer de mon affection
Et éloigner de toi la profanation imméritée de
tes illusions

II fait malheur dans ta candeur
Les fragrances d'un filtre magique aux
substances obscures
Perturbent le film de ton adolescence
Ses murmures multiples sont fruits de
l'inclémence
Effilochant en plein vent la fulgurance de tes
amours neuves

Meurtri tu sortiras de l'enchantement de ta
randonnée
Seul tu partiras à la reconquête de tes trilles
De tes contes et de tes chants d'été
Meurtri ... Libéré ... Dépassionné... SEUL ...

II suffit d'un instant

Il suffit d'un instant pour faire un enfant
Un peu d'amour et le voilà présent
Le geste frileux sur des pistes nouvelles
Le regard instable il affronte la clarté inattendue
D'un monde d'esseulement de périples et de
randonnées

Mais qui viendra étancher la douleur
De ceux-là dont on a désapprouvé la présence
Ceux que l'on a renvoyés dans les méandres de
l'absence
Ceux qui ne connaitront jamais l'instant
Ou une mère vous tient dans ses bras
La première fois

Dans les profondeurs violettes des régions
originelles
Ce souffle renouvelé oublie-t-il l'inclémence
D'un véhicule terrestre
Pour prendre une autre chance
Conjurer la malchance
Suivre la courbe de l'oubli abyssal
Et à l'humain donner créance
Comme si on pouvait par delà le temps
Chevaucher le présent
Et refaire le futur en se répétant

« Il suffit d'un instant pour faire un enfant »

Fruit sans saison

Toi que l'on ne nomme pas encore
Tu n'as pas de sexe pas de corps
Viendras-tu nous conter
Ce voyage dans le monde incertain
Des parents trop jeunes
Ou resteras-tu à la croisée
Des voyageurs surpris par les intempéries
Et dont le cheminement n'a pas abouti

Toi que je ne connais pas
Serais-tu l'ami d'antan
Dont je tiens le fil d'argent
Et qui sourit déjà au son de mes pas

Dans ta solitude silencieuse
Tu attends l'accomplissement
De ton épanouissement
Toi qui n'as aucun droit
Viendras-tu gazouiller dans l'enthousiasme
De nos joies incertaines

Fruit sans saison
Trop vert pour la moisson
Te cueillir avant floraison
Est-ce crime sans châtiment

Mauvais moment

Amour d'enfant enseveli
Tu cries
On ne t'entend pas
Tu veux vivre
Et l'on t'oublie déjà
Ils sont ivres
Des mirages sous leurs pas
Cries cries tes vœux
Enfant dont nul ne veut
Père ne peut
Mère il pleut
Crie
Nul ne peut refuser un cadeau du Bon Dieu

Chronique de divorce sur l'île des mal-aimées

Au pays des doubles et des mal-aimées, on peut vouloir parler de la femme que l'on délaisse comme de celle que l'on répudie. Elle se retrouve plus lamentable que la veuve, aimant toujours un mari qui la voudrait morte. Nul ne la soutient, même les amis s'éloignent.

Il lui reste en héritage de ce mariage des enfants chagrins de ne rien comprendre au drame qui les prive de leur père. Ils sont honteux même de n'avoir pas senti venir les lèvres de l'abime qui les rend orphelins de tout ce qui garantit la constance de leur équilibre affectif.

Ils ont quatre, six, huit ans. Cependant, au tribunal, malgré la peur et l'incompréhension du cas à débattre, ils se retrouvent témoins, intervenant accusant leur mère afin de donner bonne conscience à leur père dans le déferlement de sa hargne. Ils doivent évidemment accepter que ce dernier présente des vêtements mis de côté pour les œuvres de charité, comme pièces à conviction de la maltraitance de la mère qui ose les leur mettre comme habit du dimanche. Ils subissent l'acuité du regard du juge.

Le marteau tombe sur l'enclume dans un bruit de fin d'union. L'homme détruit ce que Dieu a uni : le père veut se refaire une vie. Sa jeune sœur dira quand on fera appel à lui pour assister son fils drogué:

« Laissez-le tranquille. Il est enfin heureux ! »

Toute la famille s'en mêle. Sur l'ile des doubles, on ne divorce pas d'un homme, mais d'une tribu. Laver le linge sale en public est un malsain plaisir que l'on pratique avec forts ricanements.

Et la femme se retrouve seule avec ses enfants. Elle apprend avec le temps que le divorce et la solitude sont indissociables. Elle paye chaque erreur du prix de ses malheurs: ses états affectifs n'ayant de valeur qu'après les impératifs guidés par la raison....

« En voiture les enfants ! »

Et l'on fait une promenade pour refaire une beauté à son âme auprès de grand-maman.

Tout le monde est détendu, mais la pluie se mêle de la partie. On essuie les vitres de la voiture à l'aide de sa chemise.

Quels grands éclats de rire. L'humour à raison de la misère.

Mère fait des heures supplémentaires : Le cadet y laisse une dent.

Le benjamin pas très beau est regardé de haut même chez ses grands-parents paternels.

Et l'ainé des garçons est désaxé pour n'avoir pas compris ce folklore où il joue un rôle essentiel, incohérent et diversifié. Le père lui promet le monde s'il désavoue sa mère. L'enfant encore naïf, fait ce qu'on lui demande, il récolte le mépris de son géniteur qui le jette à la rue. Il s'attache à la drogue, cherchant un éclairci. Il n'a que douze ans.
La haine de la belle famille, les ragots des faux amis, l'hypocrisie de la société sont les nouvelles données auxquelles la femme fait face dorénavant.

Une mère, trois gosses, un père irresponsable, c'est « l'extase douloureuse. »

Cependant la femme divorcée cherche la clef qui va réorganiser sa cellule familiale, mais, au prix de quelle abnégation et de quel héroïsme elle dissocie ses misères morales de la vie paisible qu'elle offre à ses enfants. Se rappelant que les émotions ne suggèrent pas les solutions aux éclatements, elle crée un personnage d'impassibilité et d'énergie.

Et les saisons se suivent....

« Voyons ! On fait aller. »

Le malheur a du bon ; il écarte les envieux.
Posés comme une promesse, l'espace et le
temps sont au service du talent. Dans sa réalité
immédiate, elle se découvre des richesses
secrètes. Nulle rancœur n'affleure à la surface.
La femme délaissée fait la part belle à l'affection.
On lui sait gré de ne pas partager ses craintes,
d'être calme et responsable. Pourtant, on ne
l'invite pas chez soi quand on à un mari à la
maison :

« On ne sait jamais, une femme célibataire ? Il
faut s'en méfier. »
Le temps passe, la femme murit, elle s'épanouit.
L'éducation de ses enfants l'use, mais, au cou-
rant de sa plume, elle exorcise la frustration.
Son milieu juste est le bonheur de ses enfants.

Infiniment attentive chez elle et partout, elle
croit communiquer en silence avec ses enfants.
Elle se pense visionnaire d'un avenir où le père
s'affranchira de son égoïsme...

Elle ne fait aucune concession au pittoresque. C'est toujours l'époque de la raison. Elle se permet de rêver quand visualisant l'angoisse, la puissance des angles sombres voudrait l'acculer à la folie...

Et passe le temps.

Ayant dormi si longtemps dans la même chambre et souvent dans le même lit, elle se dit complice de ses fils. Elle ignore encore combien l'attrait du clinquant, de l'extérieur, peut attirer un adolescent.

Les enfants amorcent l'âge adulte, ils clament leurs insatisfactions et réveillent des souvenirs endormis...

« Ah ! Le mystère des nuits de l'enfance. »

On voudrait tant combler le vide des questions informulées et des réponses muettes. On voudrait tant se sentir bien et vivre pleinement ses choix. Se dire le héros de la mère, lui promettre une voiture de luxe, des voyages, une saison d'opéra, alors qu'elle ne réclame que l'assurance de l'affection qui est la chose que la progéniture ne saurait garantir. Faut-il donc la juger ? Pourquoi père la déteste ? Est-elle donc ce personnage répugnant que l'on nous fait deviner ? Pourtant dans notre souvenir elle est la mère aux beaux yeux de nos jours sombres. Comment faire un choix et se sentir bien ? Comment devient-on adulte entre un père et une mère qui ne se parlent pas....

Arrive une autre époque.

Ce matin, la mère fait un tour au jardin où se terrent les vérités. Elle dérive vulnérable sur les écaillures faites par la mesquinerie et l'incomplaisance. Ne pouvant rattraper l'impudence du dire, elle entend résonner l'attente d'un jugement du fils comme « un obscur tambour » martelant l'arrivée de l'arrogance de l'adolescent conquérant du monde à la croisée de l'âge ingrat.

Comme au théâtre, elle dit :

« Je crains de perdre l'assurance d'une vieillesse à l'ombre de l'affection filiale. »

Livrée au jugement du fils soucieux d'investigations psychologiques, elle reçoit de lui la réplique suivante:

« Cela est dû à la manière dont tu mènes ta barque. »

« Tu es trop bien mise, tu as tout ce que tu désires. »

« Nous sommes abandonnés, seuls. »

« Tu ne réclames pas notre aide. »

« Nous ne connaissons pas tes besoins matériels. »

« Tu es si secrète. »

Et les gémissements se bousculent à l'intérieur dans les brisures de l'âme de la mère. Elle a tout donné, ses nuits blanches, ses jours de labeur, son abnégation et l'assurance affective.

« Qu'est-ce donc tout cela ? »

« Tout cela madame s'additionne dans le carnet du petit garçon... »

« Il n'est pas d'usage que la parole écrite se mette au service du sacerdoce maternel. »

« La séduction durable viendrait-elle d'une relève comptable ? »

« Il n'y a pas de stratégie de composition dans le comportement de ce poste à haute responsabilité. »

« La mère se contente de jalonner de baisers et de tendresse les différents registres des manques et des frustrations. »

Cependant, un espace profond s'installe entre eux. Une plaie demeure béante et les enfants assoiffés d'horizons nouveaux deviennent des artistes novateurs de paroles empreintes de fiel et de rigueur. Non conscients de leur personnalité inégale encore, ils se singularisent par l'arrogance et la ruse des harmonies rompues. La mère a perdu ses alliés, s'épaissit la différence entre les prérequis et le milieu ambiant.

Faits depuis trop longtemps, les premiers songes se perdent ainsi que les promesses. Orientés vers le social, les enfants se dépouillent du goût du port d'ancrage où la mère tient le phare. La démarche assurée, ils partent vers une luminosité étrange : l'inconnu.

Les fils s'affranchissent de la mère toujours présente et méconnue. Les questions épineuses se discutent ailleurs. Peut-être avec un ami élu ou avec le père s'il a une fortune à gérer et que les enfants sont qualifiés pour l'assister.

Les raisons inavouées font que l'enfance ne devient qu'une légende que les fils conteront à leurs enfants. Cette enfance qui n'a pas de prix, mais qu'on laisse pâlir. C'est assurément là que se retrouve la mère. Personnage surdimensionné, avec sa sévérité et sa spiritualité, ses étreintes et son art...

Et courent les années.

Faillite ou réussite, la vieille s'en fout. Elle finit fragmentée, ridée, à demi sénile, en partie misérable, seule dans un « home » ou une petite chambre. Les craquelures du temps ont raison de ses joues que l'on ne veut plus baiser. Aux combats de la vie, elle est mise K.O., son agressivité et ses illusions. Les devoirs envers elle, estompés, oubliés, sont réduits à deux visites par an, un petit chèque peut-être pour être en paix avec soi-même.

Se créant des raisons de lui en vouloir, ils se disent :

« Si elle est à la rue, c'est qu'elle l'aura voulu. Elle aurait dû faire des économies, mieux gérer son patrimoine, elle qui nous a élevés avec une pension dérisoire. »

Maintenant ses yeux en clair-obscur s'emplissent de distorsion visuelle et ne font plus de différence. Négligeant les traits individuels, la mère appelle Alice du prénom de Marcelle. Mais qu'importe, l'amour n'est pas dans la figuration, il soulage la crucifixion. Elle va tomber dans l'abstraction, sans moyen d'expression, elle bouclera la boucle. Ses funérailles finiront par une formulation sur une pierre tombale en blanc de plomb.

Pas de repentir, pas de salvation.

« Consécration posthume ? Pour qui ?
Pour quoi ? »
« Pour la couleur locale au dernier dimanche du mois de mai »
« A-t-on jamais totalement relaté le rôle essentiellement magique de l'amour de la mère ? »
« Non, c'est chose acquise, souvent oblitérée pour se lancer dans ce qui s'impose à l'attention. »

Et les saisons se suivent.

Avec le recul, il est difficile de détacher les personnages du drame ; autant il est impossible d'exclure la douleur de la matrice de celle qui a été le père et la mère, celle qui a veillé seule sur les enfants, celle qui a attendu dans sa logique et sa sensibilité que les faits de Dieu et du hasard fassent de ses enfants des hommes debouts dans un cheminement intègre.

Les mères construisent dans la pudeur vraie de l'essentiel. Elles créent un monde garant d'esprit d'appartenance, d'éducation et de repères. Mais, les enfants devenus hommes font un tri..., ils oublient l'enfance. Et « l'oubli est source d'exil. » Fin de l'histoire.

Écrit pour mes fils dans mon amour
Thomassin le 26-10-99

Tante Célie

Assise auprès du feu
La femme aux cheveux gris est si belle
Elle redit son histoire rebelle
Avec l'élégant Louis
Les jeunes l'appellent « Tante Célie »
Avec elle sont inscrits leurs souvenirs
De gelée de liqueur de gâteaux
De rires en crescendo et d'amoureux transis
Mais la femme aux cheveux gris
N'a d'yeux que pour Aby
De tous c'est lui son favori

Alice Hollant Théard
Ma toute belle

Ce matin nous laissons tes roses tes fleurs tes
ornements à l'Église Saint Vincent de la localité
Les remplaçant par les mains de tes petits-
enfants tant aimés
Ils vont d'un pas serein de la pluie plein les yeux
Vers ta demeure dernière ma toute belle t'escor-
ter
Les parents et amis les accompagnent comme
tu l'as souhaité

Aujourd'hui je te dis quelle image de toi nous
allons garder
Toi la plus belle même à quatre-vingt-douze
années
Tu vis calme apparemment cachée
Femme d'acceptation de tolérance et de gaité
(Dans un vase rouge au salon des roses sont
toujours arrangées)

Tu files l'aiguille raccommodant chemises et
vêtements d'été
Tu brodes des mantilles des gances et des
colifichets
En fredonnant Tino Rossi Piaff et autres célé-
brités
Fée des mathématiques et des songes expliqués
Tu veux gagner aux loteries de l'année
Tes loisirs se résument à aller au ciné
De « Lime Light » à « Ben Hur » tu ne dois
rien râter

À ta table un couvert est bien vite ajouté
Accueillant ami ou autre invité
Souvent des étrangers viennent s'y placer
C'est pour toi un plaisir de partager ton diner
Tes glaces maison bananes frites œuf au lait
La solitude n'étant pas ton alliée
Il te faut une maison animée

Alice ma toute belle et pleine de bonté
En colère telle furie tu soulèves une armée
Ignorant tes ennemis et leurs mille quolibets
Tu les classes transparents au fond de la mêlée
Malgré ton goût de l'unité
Ton respect de l'autre et de sa personnalité

Tu pries Dieu Marie Jésus Christ le Sacré-Cœur
avec grande piété
Des âmes du purgatoire tu pratiques l'amitié
Est pour toi hérétique et doit être purifié
Celui qui lit les cartes prédit les oracles et la
destiné
Ainsi tu vis en toute simplicité

Ce onze décembre dans la matinée
Tu t'en vas vers la Voie lactée
En baissant tes paupières sur tes yeux
J'ai fermé les volets sur ton sourire au regard
bridé
Sur ta main est posé le chapelet
Cadeau de ta fille ainée

En souvenir du rosaire chaque après-midi récité
Au coin de ton balcon voisin des bruits de la
cité
(Quand tu me prends petite contre toi pour y
participer
Je ne sais pas alors que tu me passes des valeurs
morales et de fidélité)

Alice ma toute belle je te dis vas à Dieu
Il est ta seule réalité et ton éternité
Ici tu survis dans notre intimité
Toi notre mère sur cette terre bouleversée
Je te promets dans mon amour de garder
Ton héritage d'honneur et d'honnêteté
Ton culte de la beauté et de la qualité
De la stabilité dans la diversité
Du souci de se rappeler que l'on reçoit ce
qu'une fois on a envoyé

Alice ma toute belle ma Quiquine tant pleurée
Tes enfants si nombreux te remercient d'avoir
été
La référence le modèle le refuge secret
L'oreille conciliante et le conseil pensé
La présence constante silencieuse et pleine
d'autorité

Merci pour tout l'amour à nous donné
Merci pour nos vies à toi confiées
Ma toute belle Alice ma beauté

15 Décembre 1999

TABLE DES TEXTES

« Docteur honoris causa in humanities », fille du vent, de l'espace et de la vague, vivant sous le réverbère de Dieu, Marie Alice Théard, historienne de l'art est née en Haïti. Poétesse, écrivaine, dirigeant la galerie d'art Festival Arts depuis novembre 1982, elle représente 219 maitres de l'art haïtien.

Marie Alice Théard, spécialiste en relations publiques, assure des séminaires sur le savoir-vivre et l'étiquette depuis 1989. Ses critiques et analyses sur l'art haïtien sont publiées en Haïti et à l'étranger depuis 1999. Responsable des Éditions Théard depuis 1994, elle a obtenu le prix de l'éditeur de la IWA.

Marie Alice Théard est député directeur général pour les Amériques de la International Biographical International Centre of Cambridge (BIC). Son émission culturelle « Kiskeya, l'ile mystérieuse » sur canal bleu, chaines 38 et 89, aide à garder vivant le patrimoine culturel haïtien.

Membre de la AICA et de la IWA, ses œuvres d'art abouties sont ses enfants et ses sept petits-enfants.

Autres publications :

« Cri du cœur » (poèmes)

« Au pays du soleil bleu » (poèmes)

« Haïti la voie de nos silences « (4 tomes)

« Petites histoires insolites » (2 Tomes)

Il est plaie qui saigne quelque part
Quand on la touche ou qu'on l'effleure
Fleur de dignité froissée
Camarade compagnon flétri
Ayant perdu l'honneur et la mémoire le pleure sur
ta dépouille
Comme crie en moi-même la honte de te voir...

... La cité des doubles sommeille exténuée
Insupportablement mystique
Flagellée hantée par tant de sang versé
Imprévisible rétive énigmatique
Gardienne de ses mythes séculaires
L'île s'amasse sur sa douleur
Provocatrice et fière
Elle s'accroche fidèle au seuil de l'Atlantide

Couverture :
Heza (Tableau de Hernsza Barjon) – « Les Marassas »,
acrylique sur toile -1998

Illustration : Albert Desmangles, Solanges Jolicoeur, Tiga et
Bernard Cadet.

.

LES ÉDITIONS THÉARD, HAÏTI

kiskeyapublishingco@gmail.com

Made in the USA
Columbia, SC
08 April 2024